Johannes Brahms

GERMAN FOLKSONGS

for Unaccompanied Mixed Chorus

Edited by John Lewers

Contents

This edition is dedicated to the memory
of Tom Salmon (1943–2002)

Introduction

According to the Brahms biographer Malcolm MacDonald, many of the German folksongs loved by Johannes Brahms were probably not derived from the rural peasantry at all. Some were time-honored urban songs, some the work of medieval minnesingers, and some written by collectors themselves and presented as "Old German" folksongs.

Whatever their origin, Brahms believed them authentic and thought many of the tunes exceptional. By age 15 he was already an avid collector of folk tunes, and their influence colored his own vocal and instrumental music from serenade to symphony. He studied and arranged them, and lived so closely with them that their essence blurred with his own melodic idiom.

Over a period of some fifty years, Brahms set his favorite folksongs nearly 200 times for solo voice and piano, as well as for male, female, and mixed choirs. He arranged most of the present twenty-six folksongs while in his late twenties. The first fourteen were published in 1864, when he was 31, but the remainder did not see publication until 1927, thirty years after his death. All twenty-six were written without opus, apparently for amateur choirs in Vienna.

These are some of the folksongs that Brahms loved best. They express the music, myths, and legends of his countrymen, and are from the first inspirations of his youth. All are set with the same care and attention that he lavished on his greatest compositions and in his hands become songs of great charm, skillfully arranged for mixed choir. It is hoped that this edition will bring this rich and varied repertoire to the attention of a new generation of choirs.

A note on the translations

This edition brings all twenty-six folksongs together in singing English translations for the first time (a few have previously been published translated into English or with entirely new texts). At all times my aim has been to find a translation that both serves the music and stirs our imagination today. Mostly, the English text is a literal or close translation of the original; where this is not possible, for example because the imagery is archaic for today's singers, the text at least remains true to the spirit of the original (the original German texts are printed at the back of the volume). An essential consideration has been to create an English text that matches the stresses of the music and that flows easily and naturally. In addition, the English text maintains the rhyme scheme of the original German.

Performance suggestions

The challenge in performing these strophic folksongs is to achieve variety within repetition. Simple ways to do this are to vary the dynamics, the choral tone, and the texture. The texture can be varied by using a soloist (or several in turn) to sing the verse while the choir sings the refrain, by assigning roles to soloists where characters in the story are actually quoted, or by alternating semi-choir with full choir.

—John Lewers
November 2005

Johannes Brahms
GERMAN FOLKSONGS
For Unaccompanied Mixed Chorus
Edited by John Lewers

1. The Ardent Suitor

2. One Day I Went a-Riding

Soprano / Alto / Tenor / Bass

1. One day I went a-rid - ing out through the for - est and vine, And
2. But these are not three birds, no, rath - er three la - dies fair, And
4. He led her by the hand as off they be - gan to roam, And

there I heard the sing - ing, yes, sing - - - - - - - ing, of
one will be my true love, yes, true_____ love, for
at the for - est's end - ing, yes, end - - - - - ing, his

there I heard the sing - ing, yes, sing - - - - - - ing, And there I heard the sing - ing of
one will be my true love, yes, true_____ love, And one will be my true love for
at the for - est's end - ing, yes, end - - - ing, And at the for - est's end - ing his

3. The first one's name is Ur - su - lein, fol - lowed by Bär - be - lein, The

3. The first one's name is Ur - su - lein, fol - lowed by Bär - be - lein, The

3. The first one's name is Ur - su - lein, fol - lowed by Bär - be - lein, The

3. The first one's name is Ur - su - lein, fol - lowed by Bär - be - lein, The

third one goes by no name, yes, no name, and

third one goes by no name, yes, no name, and

third one goes by no name,

third one goes by no name, yes, no name, The third one goes by no name, and

19
poco f
p
"No Name" will soon take mine, The third has no name, yes, no
"No Name" will soon take mine, The third has no
"No Name" will soon take mine, The third has no name, yes, no
"No Name" will soon take mine, The third has no name, yes, no
poco f
p
22
D.C. al Fine
name, "No Name" will soon take mine.
name, "No Name" will soon take mine.
name, "No Name" will soon take mine.
name, and "No Name" will soon take mine.
D.C. al Fine

3. By a Lone Woodland Spring

1. At night - time a hunt - er stood sad and for -
2. "Oh, beau - ti - ful mer - maid, you've shown in a
3. And while he la - ment - ed a low ___ re -
4. Straight - way to her voice how the hunt - er did

lorn By a lone wood - land spring deep - ly flow - ing.
dream How to end all the tor - ment that taunts ___ me.
frain Bab - bled forth from the wa - ter - y hol - low.
fly, And he sank to his doom with - out weep - ing.

*[Editor's note: optional solos in verses 2 and 3 may be accompanied by hummed harmony.]

[verse 3, solo*]

pp

On his hip, hang - ing mute, ___ his gold - en horn, And his
In ___ life you were all that a man could es - teem, Ah, but
Like the call of his lov - er it seemed to him plain, *"Come to
For ___ there in the si - lence he kissed her good - bye, And con -

hair in the wind wild - ly blow - - ing, yes, blow - - ing.
now how your mem - o - ry haunts ___ me, yes, haunts ___ me."
me, peace and com - fort will fol - - low, yes, fol - - low."
tent - ed at last he is sleep - - ing, yes, sleep - - ing.

Bass 2 sings cue notes in verse 4.

rit.

pp

**In mm. 15-18, the tenor soloist should sing the soprano
melody, which diverges from the tenor line at this point.

4. Saint Emmeran

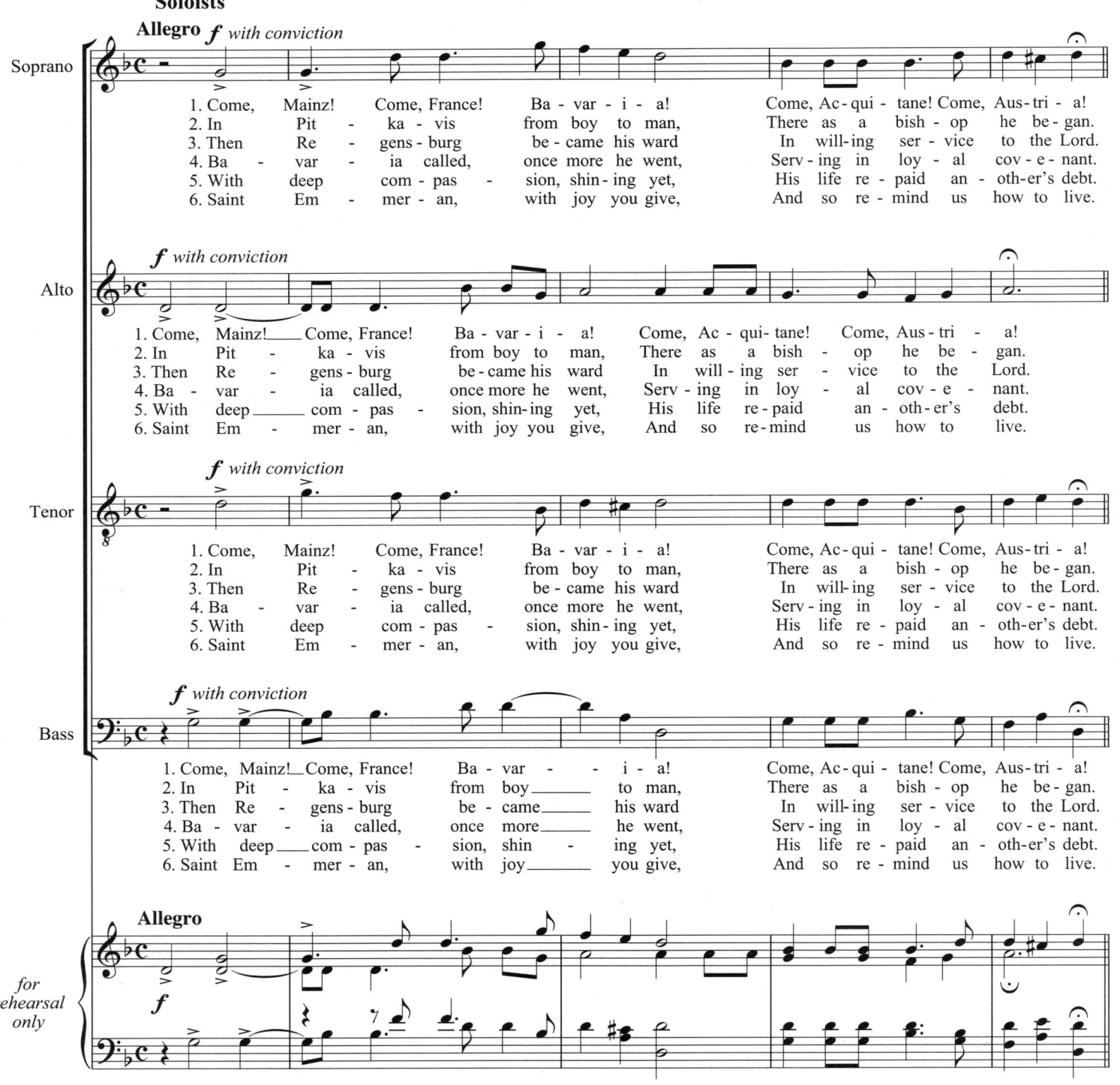

14

5. A Dove So White

6. A Lullaby Prayer

7. Saint Raphael

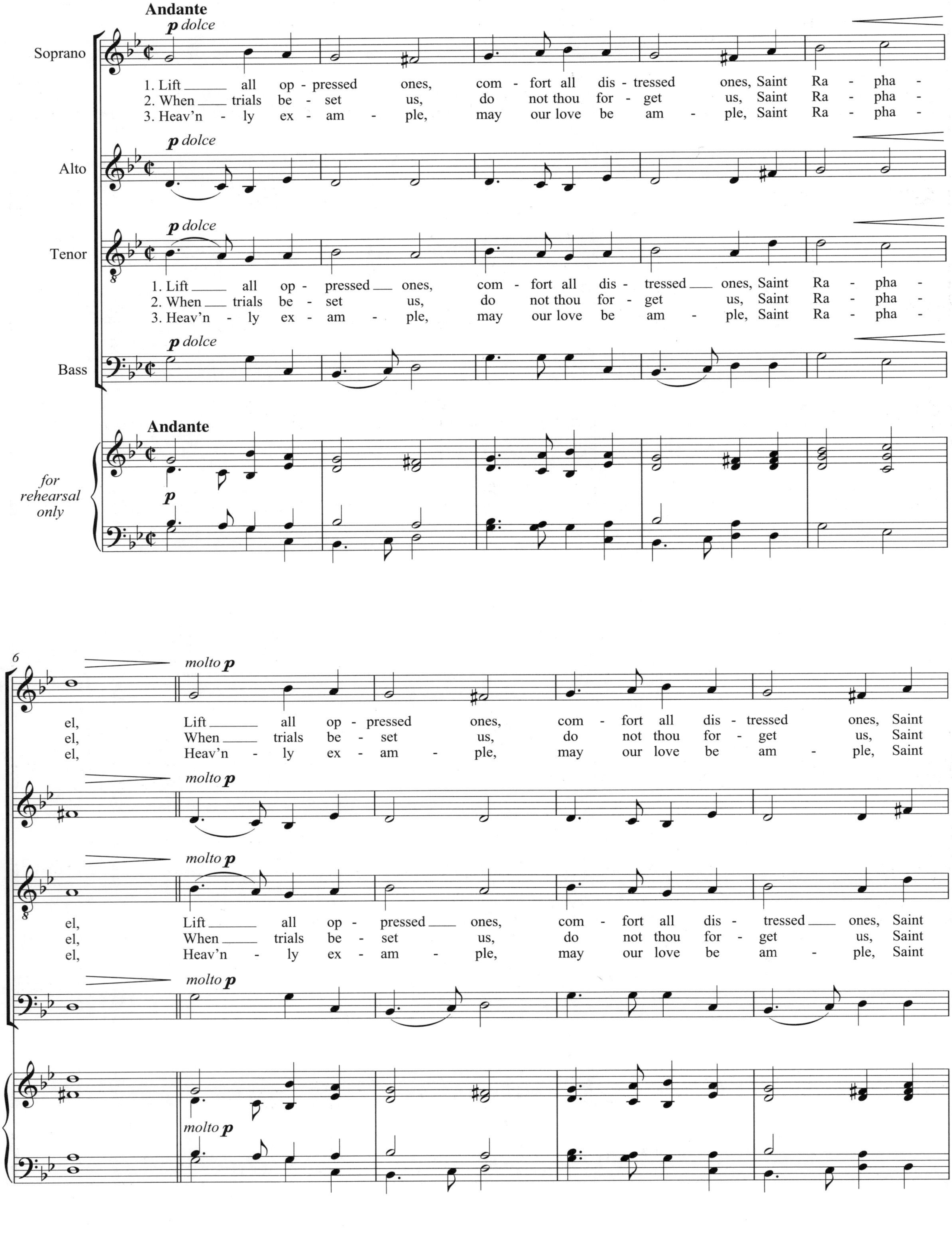
Andante
p dolce
Soprano
1. Lift all op - pressed ones, com - fort all dis - tressed ones, Saint Ra - pha -
2. When trials be - set us, do not thou for - get us, Saint Ra - pha -
3. Heav'n - ly ex - am - ple, may our love be am - ple, Saint Ra - pha -
Alto
Tenor
1. Lift all op - pressed ones, com - fort all dis - tressed ones, Saint Ra - pha -
2. When trials be - set us, do not thou for - get us, Saint Ra - pha -
3. Heav'n - ly ex - am - ple, may our love be am - ple, Saint Ra - pha -
Bass
Andante
for rehearsal only
p
6
molto p
el, Lift all op - pressed ones, com - fort all dis - tressed ones, Saint
el, When trials be - set us, do not thou for - get us, Saint
el, Heav'n - ly ex - am - ple, may our love be am - ple, Saint
el, Lift all op - pressed ones, com - fort all dis - tressed ones, Saint
el, When trials be - set us, do not thou for - get us, Saint
el, Heav'n - ly ex - am - ple, may our love be am - ple, Saint

8. One Quiet Night

1. One qui-et night, be-fore the light, a far-off voice came cry-ing, A
2. The moon a-bove that saw our love no long-er cares to shim-mer, The

song for-lorn, by breez-es borne, it set my heart to sigh-ing, But
stars so bright, once our de-light, them-selves de-cline to glim-mer, Birds

9. Farewell

Andante con expressione

1. To Mis-tress Du-ty I must bow And leave the life I treas-ure now, O keep my heart till
2. Nor hope nor mem-'ry can re-place The warmth and joy of your em-brace, I'll bear the long-ing
3. My dar-ling, be en-tire-ly sure, This love for you is true and pure, So lock my prom-ise
4. O keep the fire of love a-glow To guide me back through win-ter's snow, Till then my trust your

for rehearsal only

I re-turn, 'Tis yours, for whom I ev-er yearn, Fare-well, my love; my love, fare-well.
and the pain To hold you in my arms a-gain, Fare-well, my love; my love, fare-well.
with a key Un-til the day you mar-ry me, Fare-well, my love; my love, fare-well.
com-fort be. God bless and keep you safe for me, Fare-well, my love; my love, fare-well.

10. The Lover's Vision

11. O Sweet, Delightful Maytime

12. Morning Song

13. The Reaper

14. The Heavenly Hunter

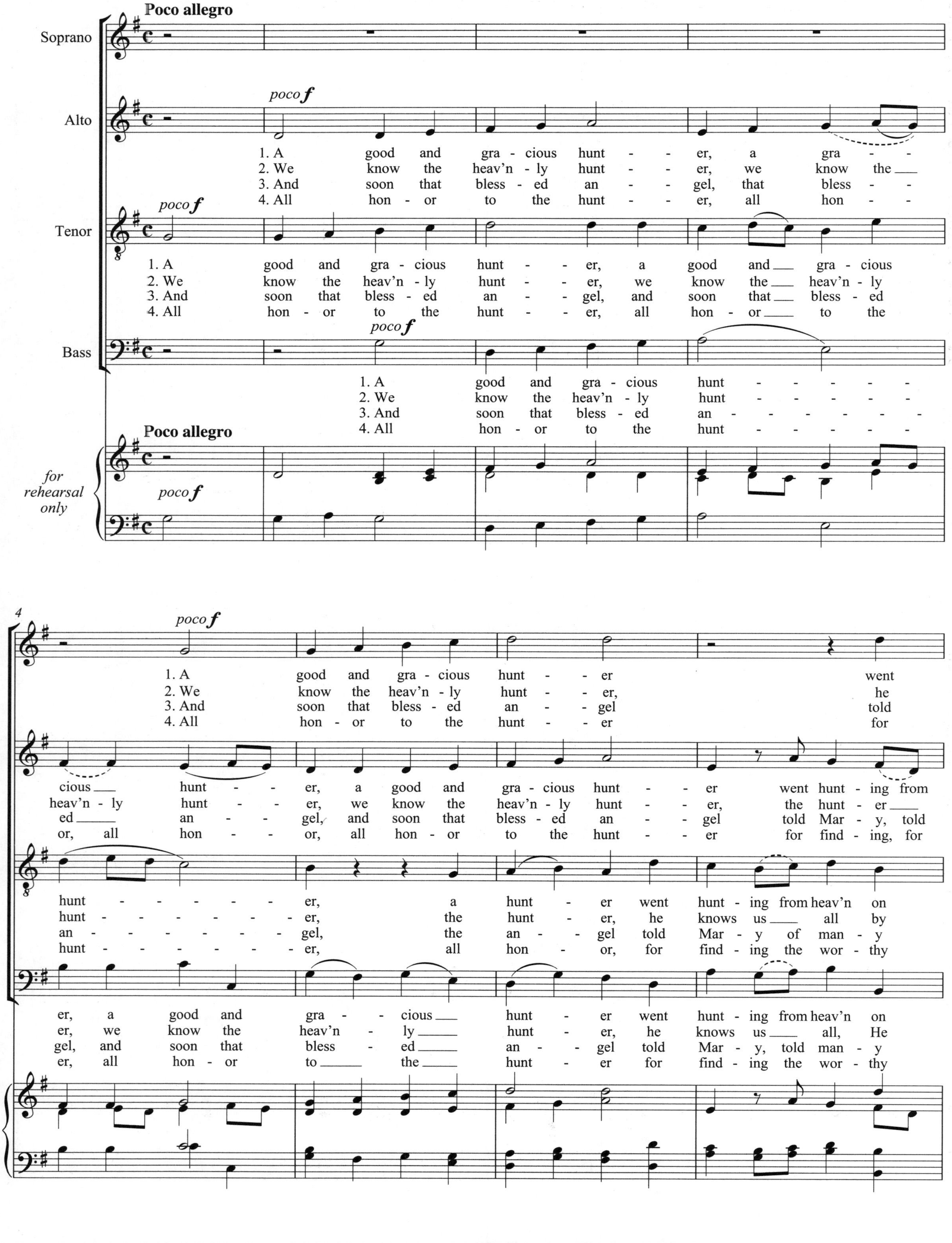
Poco allegro
Soprano
Alto
Tenor
Bass
poco f
1. A good and gracious hunt - - er, a gra - - cious hunt - - er, a good and gra - cious hunt - - er went hunt - ing from
2. We know the heav'n - ly hunt - - er, we know the heav'n - ly hunt - - er, we know the heav'n - ly hunt - - er, the hunt - er
3. And soon that bless - ed an - - gel, that bless - - ed an - - gel, and soon that bless - ed an - - gel told Mar - y, told
4. All hon - or to the hunt - - er, all hon - - or, all hon - - or, all hon - or to the hunt - - er for find - ing, for
1. A good and gra - cious hunt - - er, a good and gra - cious hunt - - er, a hunt - er went hunt - ing from heav'n on
2. We know the heav'n - ly hunt - - er, we know the heav'n - ly hunt - - er, the hunt - er, he knows us all by
3. And soon that bless - ed an - - gel, and soon that bless - ed an - - gel, the an - - gel told Mar - y of man - y
4. All hon - or to the hunt - - er, all hon - or to the hunt - - er, all hon - or, for find - ing the wor - thy
1. A good and gra - cious hunt - er, a good and gra - cious hunt - er went hunt - ing from heav'n on
2. We know the heav'n - ly hunt - er, we know the heav'n - ly hunt - er, he knows us all, He
3. And soon that bless - ed an - gel, and soon that bless - ed an - gel told Mar - y, told man - y
4. All hon - or to the hunt - er, all hon - or to the hunt - er for find - ing the wor - thy
1. A good and gra - cious hunt - - er went
2. We know the heav'n - ly hunt - - er, he
3. And soon that bless - ed an - - gel told
4. All hon - or to the hunt - - er for
for rehearsal only
4

15. Separation

16. Awaken!

17. Invite Me, Sweet Maiden

18. The Fiddler

Lively, but not too fast

Soprano / Tenor

1. A young hunch-backed fid - dler from Frank - furt - on - Main Was
2. "Oh, fid - dler! oh, fid - dler! come play us a tune, And
3. The fid - dler struck up a de - lir - i - ous dance, The
4. She tapped on his back and he stood straight and tall, The

just com - ing home from an eve - ning so fine, In the cen - ter of town he
gain by your mu - sic a mag - i - cal boon, With a tem - po pos - sessed, put
la - dies leapt high to the Ros - en - kranz, Then the eld - est de - clared, "My
hump was for - got, he was fair - est of all, Go a - bound - ing a - way, thou

[solo*]

[verse 3, solo*]

for rehearsal only

*[Editor's note: optional solos in verses 2 and 3 may be accompanied by hummed harmony.]

19. Below in the Valley

1. Be - low in the val - ley the wa - ters run
2. You ___ tell me you love me, you vow you are
3. When ___ ten times I tell you I love you, 'tis
4. I ___ thank you for mem - 'ries of joy that we

chill, ___ And the dis - tance be - tween us I nev - er could fill.
true, ___ But a meas - ure of false - hood is mixed with it, too.
so, ___ But when noth - ing per - suades you, ah, then I must go.
knew, ___ And I hope with an - oth - er your dreams may come true.

20. At Night

21. Awaken!

25

Pause (f)

cresc. **rit.**

like the sun a - bove you, A - wake a - gain to warm my heart, re - mem - b'ring how I love you.

cresc. *f*

like the sun a - bove you, A - wake a - gain to warm my heart, re - mem - b'ring how I love you.

cresc. *f*

like the sun a - bove you, A - wake a - gain to warm my heart, re - mem - b'ring how I love you.

cresc. *f*

like the sun a - bove you, A - wake a - gain to warm my heart, re - mem - b'ring how I love you.

rit.

f

22. A House Stands by a Flowing Stream

Graceful and lively

p leggiero

Soprano

1. A house stands by a flow - ing stream, flow - ing stream, flow - ing stream, With
2. "Each morn - ing he sails close to me, close to me, close to me, And
3. From el - der bush a night - in - gale, night - in - gale, night - in - gale, De -

p leggiero

Alto

1. A house stands by a flow - ing stream, flow - ing stream, With -
2. "Each morn - ing he sails close to me, close to me, And
3. From el - der bush a night - in - gale, night - in - gale, De -

p leggiero

Tenor

1. A house stands by a flow - ing stream, flow - ing stream, flow - ing stream, With
2. "Each morn - ing he sails close to me, close to me, close to me, And
3. From el - der bush a night - in - gale, night - in - gale, night - in - gale, De -

p leggiero

Bass

1. A house stands by a flow - ing stream, flow - ing stream, flow - ing stream, With - in there
2. "Each morn - ing he sails close to me, close to me, close to me, And sings his
3. From el - der bush a night - in - gale, night - in - gale, night - in - gale, De - lights the

Graceful and lively

for rehearsal only

p

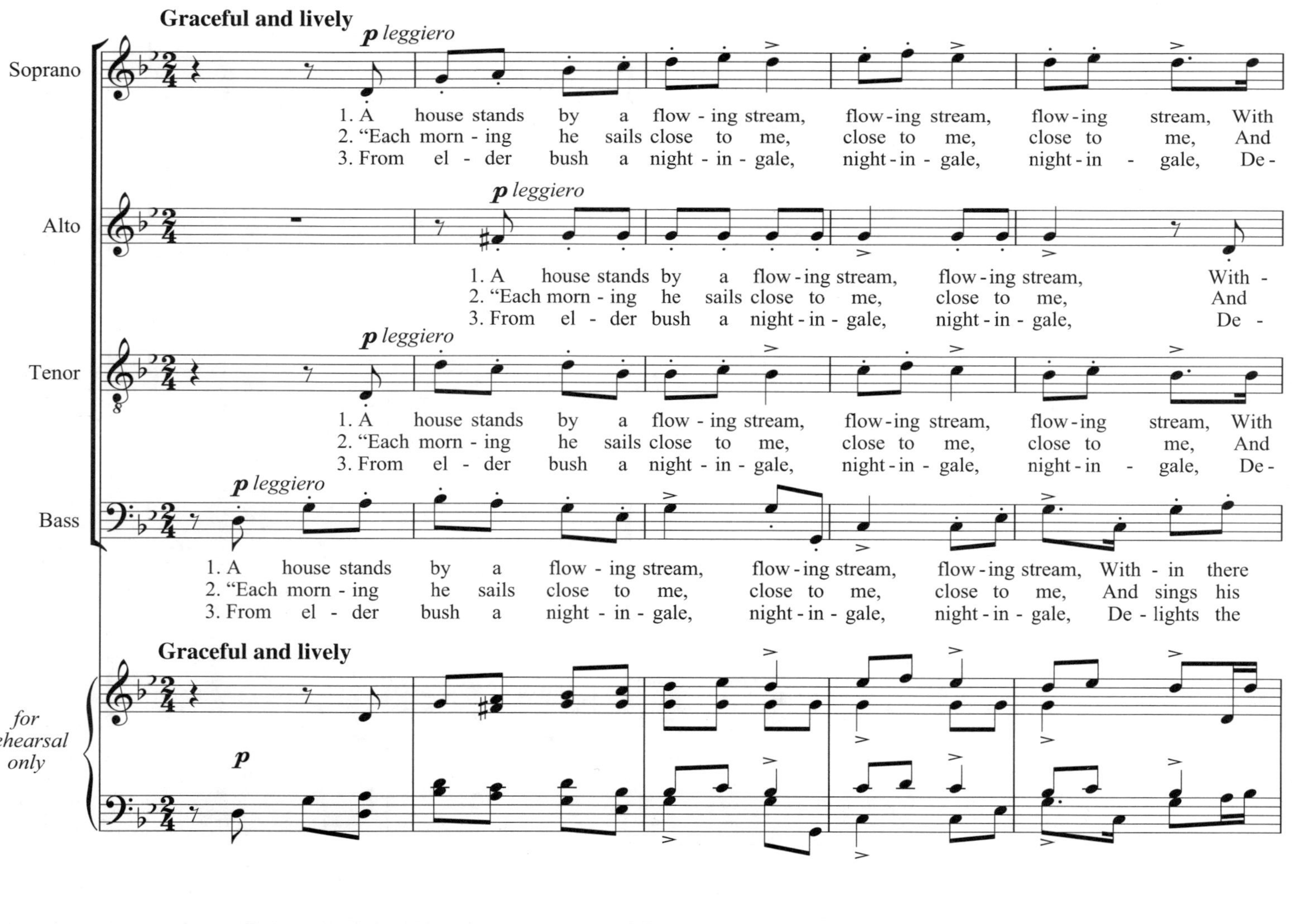

23. Roses and Pearls

Soprano: 1–4. Blue, blue, flow - ers blue!

Alto: 1–4. Blue, blue, flow - ers blue!

Tenor:
1. Be - hold, the state - ly moon doth rise, 1–4. Blue, blue, flow - ers blue! And jour - neys through the
2. And as the queen of night doth soar, She peers down at the
3. O moon, look through the win - dow there, And cast your glow on
4. If you see her and you see me, You'll see the tru - est

Bass: 1–4. Blue, blue, flow - ers blue!

for rehearsal only

Soprano: 1–4. Ros - es and pearls, room full of girls, beau - ti - ful Ro - sa!

Alto: 1–4. Ros - es and pearls, room full of girls, beau - ti - ful Ro - sa!

Tenor:
sil - ver__ skies,
cas - tle__ door, 1–4. Ros - es and pearls, room full of girls, beau - ti - ful Ro - sa!
Tru - de__ fair,
hearts that__ be,

Bass: 1–4. Ros - es and pearls, room full of girls, beau - ti - ful Ro - sa!

24. The Knight and the Lady

Alto lyrics:
1. Oh, once on a branch where three ros - es ___ grew,
2. A - sleep 'neath the watch of the rose - bud ___ tree,
3. A knight came a - rid - ing ___ through the ___ glade,
4. "Lo, there in the grass, what ___ vis - age ___ glows,"
5. "How shall I ___ pass with - out a ___ kiss,"

Second system Alto lyrics:
A night - in - gale sang a song so ___ true.
A la - dy deep in a dream lay ___ she.
"My halt - ing steed, why ___ be a - fraid?"
"Like some en - chant - ed, ___ per - fect ___ rose?"
"A ra - diant crea - ture ___ such as ___ this?"

*[Editor's note: solos may be taken by any voice or alternated between as many singers as desired. See following page for additional verses.]

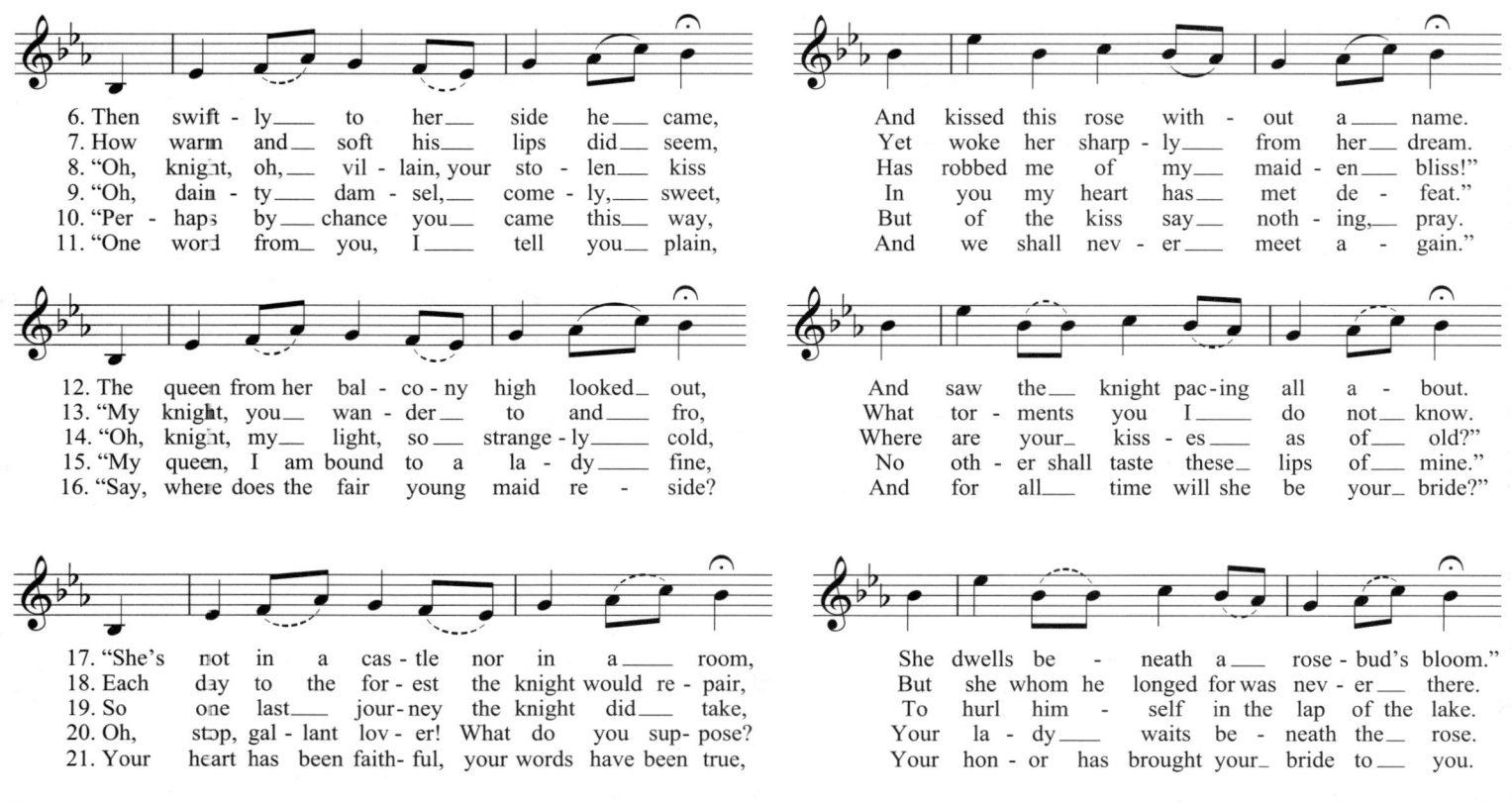

6. Then swift - ly to her side he came, And kissed this rose with - out a name.
7. How warm and soft his lips did seem, Yet woke her sharp - ly from her dream.
8. "Oh, knight, oh, vil - lain, your sto - len kiss Has robbed me of my maid - en bliss!"
9. "Oh, dain - ty dam - sel, come - ly, sweet, In you my heart has met de - feat."
10. "Per - haps by chance you came this way, But of the kiss say noth - ing, pray.
11. "One word from you, I tell you plain, And we shall nev - er meet a - gain."
12. The queen from her bal - co - ny high looked out, And saw the knight pac-ing all a - bout.
13. "My knight, you wan - der to and fro, What tor - ments you I do not know.
14. "Oh, knight, my light, so strange - ly cold, Where are your kiss - es as of old?"
15. "My queen, I am bound to a la - dy fine, No oth - er shall taste these lips of mine."
16. "Say, where does the fair young maid re - side? And for all time will she be your bride?"
17. "She's not in a cas - tle nor in a room, She dwells be - neath a rose - bud's bloom."
18. Each day to the for - est the knight would re - pair, But she whom he longed for was nev - er there.
19. So one last jour - ney the knight did take, To hurl him - self in the lap of the lake.
20. Oh, stop, gal - lant lov - er! What do you sup - pose? Your la - dy waits be - neath the rose.
21. Your heart has been faith - ful, your words have been true, Your hon - or has brought your bride to you.

25. The Young Carpenter

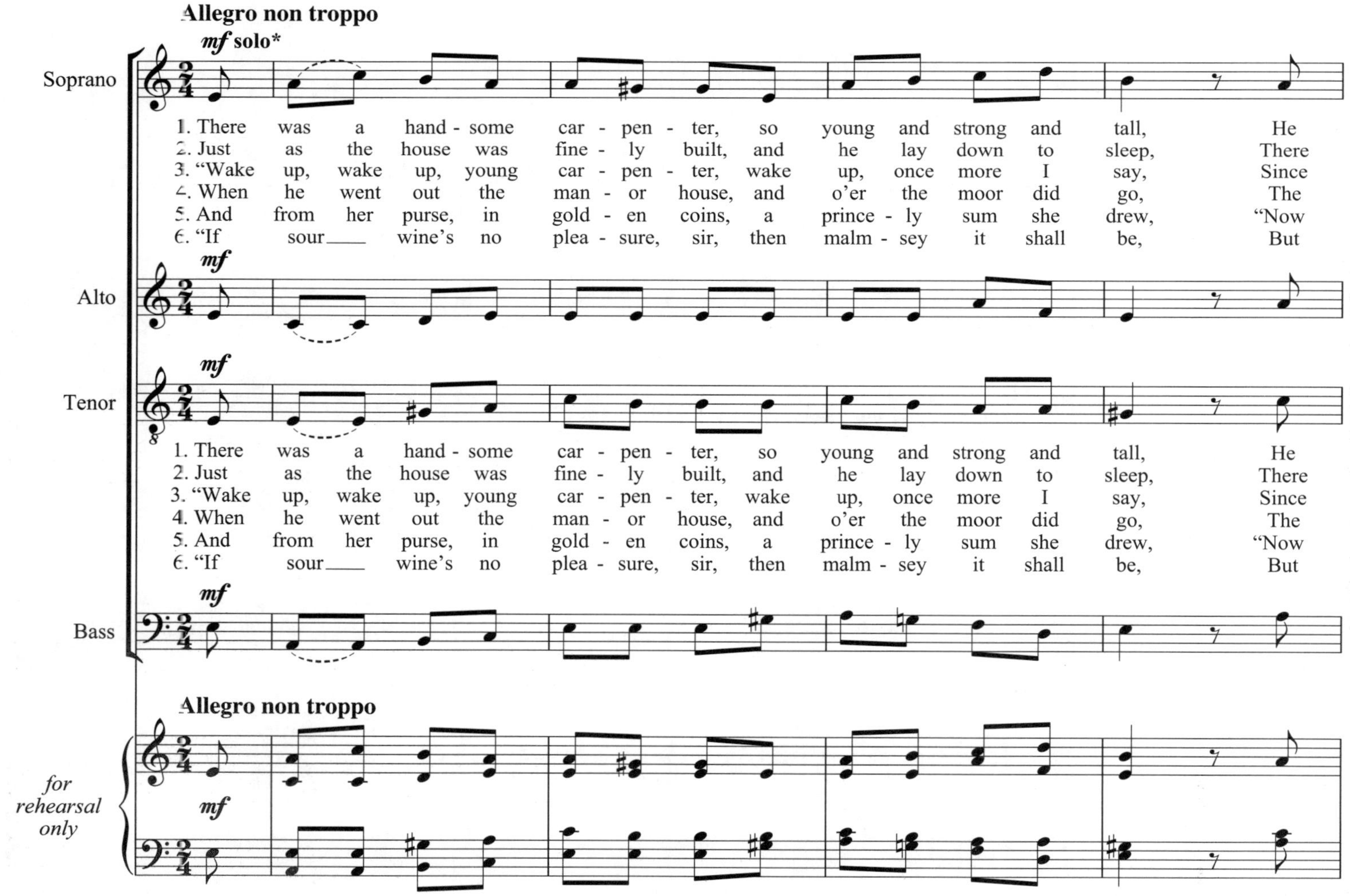
Allegro non troppo
mf solo*
Soprano
1. There was a hand - some car - pen - ter, so young and strong and tall, He
2. Just as the house was fine - ly built, and he lay down to sleep, There
3. "Wake up, wake up, young car - pen - ter, wake up, once more I say, Since
4. When he went out the man - or house, and o'er the moor did go, The
5. And from her purse, in gold - en coins, a prince - ly sum she drew, "Now
6. "If sour wine's no plea - sure, sir, then malm - sey it shall be, But
mf
Alto
mf
Tenor
1. There was a hand - some car - pen - ter, so young and strong and tall, He
2. Just as the house was fine - ly built, and he lay down to sleep, There
3. "Wake up, wake up, young car - pen - ter, wake up, once more I say, Since
4. When he went out the man - or house, and o'er the moor did go, The
5. And from her purse, in gold - en coins, a prince - ly sum she drew, "Now
6. "If sour wine's no plea - sure, sir, then malm - sey it shall be, But
mf
Bass
Allegro non troppo
for rehearsal only
mf

*[Editor's note: the solo may be performed by any voice part on the melody of the soprano line. Several soloists may alternate, if desired.]

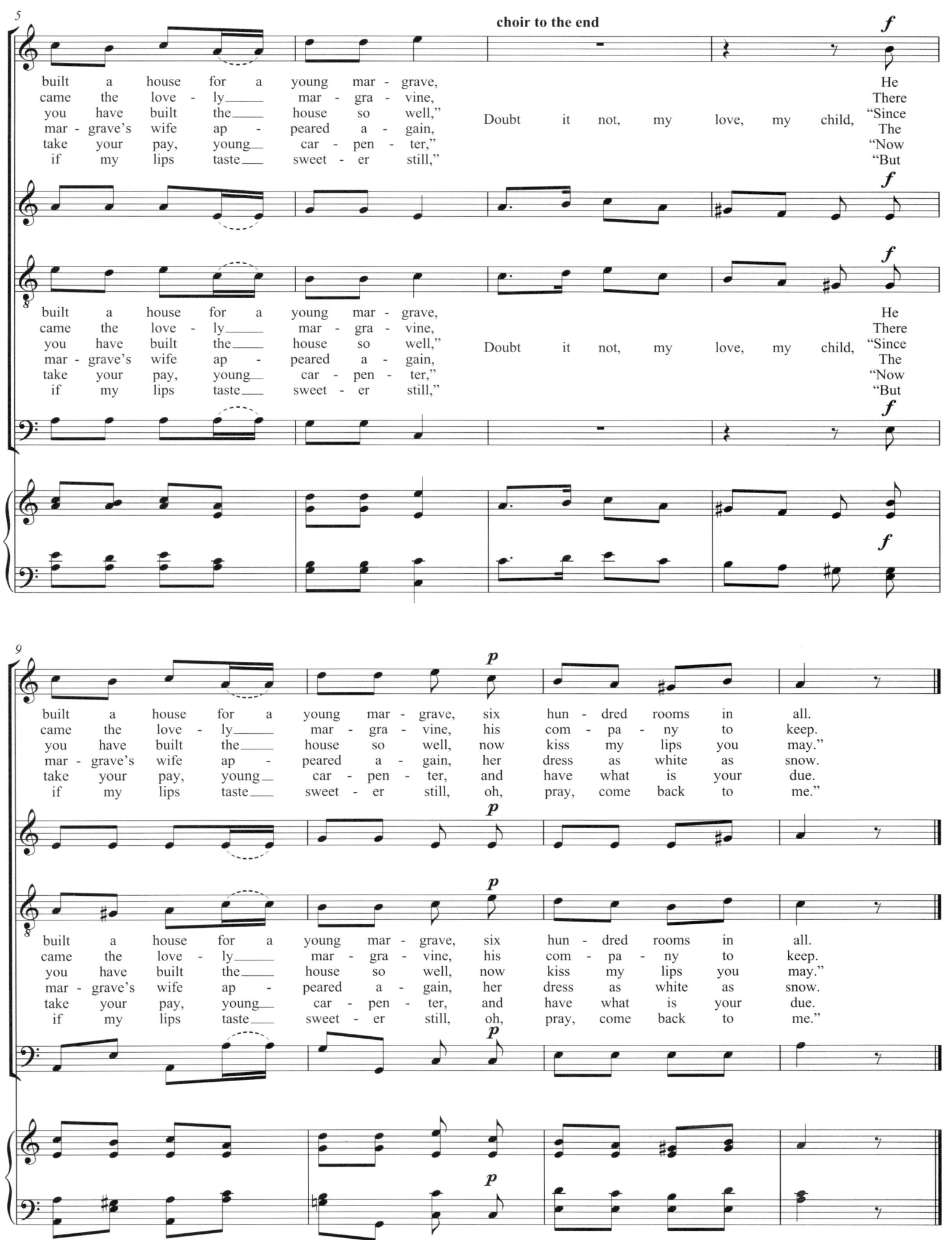

choir to the end

26. Battle Prayer

*[Editor's note: the solo may be performed by any voice part on the melody of the soprano/tenor line. Several soloists may alternate, if desired.]

as   we   go,
gage   the   night,
hate - - ful   sword,
fate - - ful   days,
pow'rs   of   hell,

Come __ help us re - pel them, Con -

found __ and __ quell them, O __ Mi - - - cha - el.

German Lyrics

1. Von edler Art

1. Von edler Art, auch rein und zart,
Bist du ein Kron, der ich mich han
Ergeben gar, glaub mir fürwahr;
Das Herz in mir kränkt sich nach dir,
Da um ich b'geht auf all dein Ehr:
Hilf mir, ich hab nicht Trostes mehr.

2. Wie ich ihm tu, hab ich kein Ruh,
Ohn dein Gestalt, die mich mit G'walt
Gefangen hat: Herzlieb gib Rat,
Des ich mich doch zu dir versieh
In Hoffnung viel, nit mehr ich will,
Allein setz mir ein gnädigs Ziel.

3. Seit du die bist, gen der ich List
Nit brauchen soll, das weißt du wohl:
Ohn allen Scherz will dir mein Herz
In Treuen sein, darum ich dein
Kein Stund im Tag vor Leid und Klag,
Auch rechter Lieb vergessen mag.

2. Mit Lust tät ich ausreiten

1. Mit Lust tät ich ausreiten durch einen grünen Wald,
Darin da hört ich singen, ja singen, drei Vögelein wohlgestalt,
Drin hört ich singen, ja singen, drei Vögelein wohlgestalt.

2. So sein es nit drei Vögelein, es sein drei Fräulein fein,
Soll mir das ein nicht werden, ja werden, so gilt es das Leben mein,
Das ein nicht werden, ja werden, so gilt es das Leben mein.

3. Das erste heißet Ursulein, das andre Bärbelein,
Das dritt hat keinen Namen, ja Namen, das soll des Jägers sein,
Hat keinen Namen, ja Namen, das soll des Jägers sein.

4. Er nahm sie bei den Händen, bei ihrer schneeweißen Hand,
Er führts des Walds ein Ende, ja Ende, da er ein Hüttlein fand,
Des Walds ein Ende, ja Ende, da er ein Hüttlein fand.

3. Bei nächtlicher Weil

1. Bei nächtlicher Weil an eins Waldes Born
Tät ein Jäger gar trauriglich stehen,
An der Hüfte hängt stumm sein güldenes Horn,
Wild im Winde die Haare ihm wehen, ja wehen.

2. Die du dich in Träumen gezeiget mir,
Traute Nixe, schaff Ruh meiner Seelen,
Du meines Lebens alleinige Zier,
Was willst du mich ewiglich quälen, ja quälen.

3. So klagt er, und rauschend tönts hervor
Aus des Quelles tiefuntersten Gründen,
Wie ein Menschenlaut zu des Jägers Ohr:
Komm herein, so tust Ruhe du finden, ja finden.

4. Da stürzet der Jäger sich stracks hinein
In die Tiefe, bald ist er verschwunden,
Dort unten empfaht ihn das Liebchen fein,
Seine Ruh hat er endlich gefunden, ja funden.

4. Vom heiligen Märtyrer Emmerano, Bischoffen zu Regenspurg

1. Komm Mainz, komm Bayrn, komm Österreich,
Komm Aquitan, komm ganz Frankreich.

   Chor: Ruft alle an Sankt Emmeran,
   Sein Vorbitt uns geleit
   Zu der ewigen Seligkeit.

2. Zu Piktavis, da du geborn,
Zum Bischoff erstlich wirst erkorn. *Chor*

3. Dein Eifer aber da nicht bleibt,
Von dann'gen Regenspurg dich treibt. *Chor*

4. Bayern dein ander Bistum war,
Manch Seel errettst aus Not und G'fahr. *Chor*

5. Dein Tod solchs g'nug bezeugen tut,
Zahlst fremde Schuld mit deinem Blut. *Chor*

6. Der wöll ihm durch sein Mart'r und Pein
All Christen lan befohlen sein. *Chor*

5. Täublein weiß

1. Es flog ein Täublein weiße vom Himmel herab
In engelischem Kleide zu einer Jungfrau zart;
Es grüßet sie so hübsch und säuberlich,
Ihr Seel war hoch gezieret, gesegnet ward ihr Leib.
Kyrie eleison.

2. Der Himmel ward erschlossen durch Gottes Schlüssel klar,
Maria ist der Garten, da er gewachsen war,
Der heilig Geist den Garten besser hat,
Gar schön ist er gezieret mit göttlicher Majestät.
Kyrie *eleison.*

3. So hat der Ruf ein Ende wohl hie zu dieser Stund,
So wolln wir Gott nur bitten aus unsres Herzens Grund,
Daß er uns allen wolle gnädig sein,
Er woll uns auch behüten vor der heißen Höllen Pein.
Kyrie eleison.

6. Ach lieber Herre Jesu Christ

1. Ach lieber Herre Jesu Christ,
Weil du ein Kind gewesen bist,
So gib auch diesem Kindelein
Dein Gnad und auch den Segen dein;
*Ach Jesus, Herre mein,
Behüt dies Kindelein.*

2. Dein'r Engel Schar, die wohn ihm bei,
Es schlaf, es wach und wo es sei,
Das heilig Kreuz behüt es schon,
Daß es besitz der Heilgen Kron;
*Ach Jesus, Herre mein,
Behüt dies Kindelein.*

3. Nun schlaf, nun schlaf, mein Kindelein,
Jesus, der soll dein Wächter sein,
Der woll, daß dir geträume wohl
Und werdest aller Tugend voll.
*Jesus, der Herre mein,
Behüt dies Kindelein.*

4. Ein gute Nacht und guten Tag
   Geb dir, der alle Ding vermag,
   Hiemit sollst du gesegnet sein,
   Mein herzeliebes Kindelein.
   Jesus, der Herre mein,
   Behüt dies Kindelein.

7. Sankt Raphael

1. Tröst die Bedrängten und hilf den Kranken, Sankt Raphael,
   Bresten und Schaden uns überladen,
   O hilf, o hilf, Sankt Raphael.

2. Wann wir uns legen, tu unser pflegen, Sankt Raphael,
   Unsere Schmerzen nehme zu Herzen,
   O hilf, o hilf, Sankt Raphael.

3. Hin zum Verderben laß niemand sterben, Sankt Raphael,
   Beichten und büßen alle wir müssen,
   O hilf, o hilf, Sankt Raphael.

8. In stiller Nacht

1. In stiller Nacht, zur ersten Wacht, ein Stimm begunnt zu klagen,
   Der nächtge Wind hat süß und lind zu mir den Klang getragen;
   Von herbem Leid und Traurigkeit ist mir das Herz zerflossen,
   Die Blümelein, mit Tränen rein hab ich sie all begossen.

2. Der schöne Mond will untergahn, für Leid nicht mehr mag scheinen,
   Die Sterne lan ihr Glitzen stahn, mit mir sie wollen weinen.
   Kein Vogelsang, noch Freudenklang man höret in den Lüften,
   Die wilden Tier traurn auch mit mir in Steinen und in Klüften.

9. Abschiedslied

1. Ich fahr dahin, wenn es muß sein,
   Ich scheid mich von der Liebsten mein,
   Zuletzt laß ich ihrs Herze mein,
   Dieweil ich leb; so soll es sein.
   Ich fahr dahin, ich fahr dahin!

2. Das sag ich ihr und niemand mehr:
   Mein'm Herzen g'schah noch nie so weh,
   Sie liebet mich je länger je mehr;
   Durch Meiden muß ich leiden Pein.
   Ich fahr dahin, ich fahr dahin!

3. Ich bitt dich, liebste Fraue mein,
   Wann ich dich mein und anders kein,
   Wann ich dir gib mein Lieb allein,
   Gedenk, daß ich dein eigen bin.
   Ich fahr dahin, ich fahr dahin!

4. Nun halt dein Treu als stet als ich!
   So wie du willt, so findst du mich,
   Halt dich in Hut, das bitt ich dich!
   Gesegn dich Gott! Ich fahr dahin!
   Ich fahr, ich fahr, ich fahr dahin!

10. Der tote Knabe

1. Es pochet ein Knabe sachte an Feinsliebchens Fensterlein:
   "Feinslieb, sag bist du darinnen? Steh auf und laß mich ein!"

2. "Ich kann mit dir wohl sprechen, doch dich einlassen nicht;
   Ich bin mit jemand versprochen, einen Zweiten mag ich nicht!"

3. "Mit dem, so du versprochen, Feinsliebchen, der bin ich;
   Reich mir dein Händelein weiße, vielleicht erkennst du mich."

4. "Du riechest gar nach Erde, sag, Liebster, bist du tot?"
   "Soll ich nach Erde nicht riechen, da ich in dem Grab geruht?

5. Weck Vater auf und Mutter, weck deine Freund all auf,
   Grün Kränzelein sollst du tragen mit mir in den Himmel hinauf."

11. Die Wollust in den Maien

1. Die Wollust in den Maien die Zeit hat Freuden bracht,
   Die Blümlein mancherleien, ein jeglichs nach sein'r G'stalt,
   Das sind die roten Röselein, der Feyl, der grüne Klee,
   Von herzer Liebe scheiden, das tut weh.

2. Der Vögelein Gesange die Zeit hat Freuden bracht,
   Ihr Lieb tät mich bezwingen, freundlich sie zu mir sprach:
   Sollt, schönes Lieb, ich fragen dich, wollst fein berichten mich.
   Genad mir, schöne Frauen, so sprach ich.

3. Nach manchem Seufzer schwere komm ich wohl wieder dar,
   Nach Jammer und nach Leide seh ich dein Äuglein klar.
   Ich bitt dich, Auserwählte mein, laß dir befohlen sein
   Das treue, junge Herze, das Herze mein.

12. Morgengesang

1. Wach auf, mein Kind, steh auf geschwind,
   Sobald der Hahn die Flügel schwingt
   Und dir von vier od'r fünfen kräht;
   Der kommt zu spät, der sich lang dreht
   Und wälzet in den Federn um,
   Faulenzend hier und dort herum.

2. Bei deinem leichten weißen Kleid
   Der Unschuld denk und Reinigkeit,
   Und wann dein Seel ist rein und weiß,
   Vor Flecken hüt dich alles Fleiß,
   Wasch dich in Reu und Herzenleid,
   So bleibt schneeweiß dein himmlisch Kleid.

3. Wer blindlich rote Rosen bricht,
   Gar leicht sich in die Dornen sticht,
   Was vorgetan und nachbedacht,
   Hat manchem großen Schaden bracht;
   Denk alles vor, tu alles wohl,
   Als wenns dein letztes Wort sein soll.

13. Schnitter Tod

1. Es ist ein Schnitter, heißt der Tod,
   Hat G'walt vom höchsten Gott;
   Heut wetzt er das Messer, es schneid't schon viel besser,
   Bald wird er drein schneiden, wir müssens erleiden,
   Hüt dich, schönes Blümelein!

2. Was heut noch grün und Frisch dasteht,
   Wird morgen hinweg gemäht,
   Die edlen Narzissen, die Zierden der Wiesen,
   Die schön'n Hyazinten, die türkischen Binden,
   Hüt dich, schönes Blümelein!

3. Das himmelfarbne Ehrenpreis, die Tulipanen weiß,
   Die silbernen Glocken, die goldenen Flocken,
   Sinkt alles zur Erden, was wird daraus werden?
   Hüt dich, schönes Blümelein!

4. Trotz, Tod! komm her, ich fürcht dich nit,
   Trotz, eil daher in ein'm Schritt;
   Werd ich auch verletzet, so werd ich versetzet
   In den himmlischen Garten, auf den alle wir warten.
   Freu dich, schönes blümelein!

14. Der englische Jäger

1. Es wollt gut Jäger jagen, wollt jagen von Himmelshöhn,
   Was begegnet ihm auf der Heiden, Maria, die Jungfrau schön.

2. Der Jäger, den ich meine, der ist uns wohl bekannt,
   Er jagt mit einem Engel, Gabriel ist er genannt.

3. O heilige Maria. nun bitt für uns dein Kind,
   Daß er uns auch wolle genädig sein, und verzeihen unsre Sünd.

15. Scheiden

1. Ach Gott, wie weh tut Scheiden, hat mir mein Herz verwundt;
   So trab ich üb'r die Heiden und traur' zu aller Stund.
   Der Stunden, der sind all so viel, mein Herz trägt heimlich Leiden,
   Wiewol ich oft fröhlich bin.

2. Hatt mir ein Gärtlein bauet von Veil und grünem Klee;
   Ist mir zu früh erfroren, tut meinem Herzen weh.
   Ist mir erfrorn bei Sonnenschein, ein Kraut, jelänger, jelieber,
   Ein Blümlein vergiß nicht mein.

3. Das Blümlein, das ich meine, das ist von edler Art,
   Ist aller Tugend reine, ihr Mündlein das ist zart,
   Ihr' Äuglein die sind hübsch und fein, wenn ich an sie gedenke,
   Wie gern ich bei ihr wollt sein.

4. Mich dünkt in all mein Sinnen, und wenn ich bei ihr bin,
   Sie sei ein Kaiserinne, kein' lieber ich immer gewinn.
   Hat mir mein junges Herz erfreut; wenn ich an sie gedenke,
   Verschwunden ist mir mein Leid.

5. Sollt mich mein's Buhl'n erwehren, als doch so mancher tut,
   Sollt führ'n ein fröhlichs Leben, dazu ein'n leichten Mut,
   Das kann und mag doch nicht gesein; gesegn' dich Gott von Herzen,
   Es muß geschieden sein.

16. Wach auf!

1. Wach auf, meins Herzens Schöne, herzallerliebste mein!
   Ich hör ein süß Getöne von kleinen Waldvöglein;
   Die hör ich so leblich singen,
   Ich mein es woll des Tages Schein vom Orient her dringen.

2. Ich hör die Hahnen krähen und hör den Tag dabei,
   Die kühlen Wirdlein wehen die Sternlein leuchten frei.
   Singt uns Frau Nachtigalle,
   Singt uns ein süße Melodei, sie meldt den Tag mit Schalle.

3. Der Himmel tut sich färben, aus weißer Farb in Blau,
   Die Wolken tun sich färben aus schwarzer Farb in grau;
   Die Morgenröt tut entweichen:
   Wach auf, mein Lieb, und mach mich frei, der Tag will uns
      verschleichen.

4. Mein Herz das leidet Schmerzen, dazu viel kläglich Pein,
   Wo zwei Herzlieb tun scherzen, die ohn einander nich mögen sein;
   Keins tuts dem andern versagen,
   So würd erfreut das Herz in mir, die Wahrheit muß ich sagen.

5. Selig ist Tag und Stunde, darin du bist geborn!
   Gott grüß mir dein rot Munde, den ich mir hab erkorn.
   Kann mir kein Lieb're nie werden,
   Schau, daß mein Lieb nicht sei verlorn, du bist mein Trost auf Erden.

17. Erlaube mir

1. Erlaube mir, feins Mädchen, in den Garten zu gehn,
   Daß ich mag dort schauen, wie die Rosen so schön.
   Erlaube sie zu brechen, es ist die höchste Zeit,
   Ihre schönheit, ihre Jugend hat mir mein Herz erfreut.

2. O Mädchen, o Mädchen, du einsames Kind,
   Wer hat den Gedanken ins Herz dir gezinnt,
   Daß ich soll den Garten die Rosen nicht sehn?
   Du gefällst meinen Augen, das muß ich gestehn.

18. Der Fiedler

1. Es wohnet ein Fiedler zu Frankfurt am Main,
   Der kehret von lustiger Zeche heim;
   Er trat auf den Markt, was schaut er dort, was schaut er dort?
   Der schönen Frauen schmausten gar viel an dem Ort.

2. Du bucklichter Fiedler, nun fiedle uns auf,
   Wir wollen dir zahlen des Lohnes voll auf;
   Einen feinen Tanz behende gegeigt, behende gegeigt!
   Walpurgisnacht wir heuer gefei'rt.

3. Der Geiger strich einen fröhlichen Tanz,
   Die Frauen tanzten den Rosenkranz;
   Und die Erste sprach: Mein lieber Sohn, mein lieber Sohn,
   Du geigtest so Frisch, hab nun deinen Lohn!

4. Sie griff ihm behend unters Wamms sofort
   Und nahm ihm den Höcker vom Rücken fort.
   So geh nun hin, mein schlanker Gesell, mein schlanker Gesell,
   Dich nimmt nun jedwede Jungfrau zur Stell!

19. Da unten im Tale

1. Da unten im Tale läufts Wasser so trüb,
   Und i kann dirs nit sagen, i hab di so lieb.

2. Sprichst allweil von Liebe, sprichst allweil von Treu,
   Und a bissele Falschheit is au wol dabei.

3. Und wenn i dirs zehnmal sag, daß i di lieb,
   Und du willst nit verstehen, muß i halt weitergehn.

4. Für die Zeit, wo du g'liebt mi hast, dank i dir schön,
   Und i wünsch, daß dir anders wo besser mag gehn.

20. Des Abends

1. Des Abends kann ich nicht schlafen gehn,
   Zu meiner Herzliebsten muß ich gehn;
   Zu meiner Herzliebsten muß ich gehn,
   Und sollt ich an der Tür bleiben stehn,
   Ganz heimelig!

2. Wer ist denn da? wer klopfet an,
   Der mich so leis aufwecken kann?
   Das ist der Herzallerliebste dein,
   Steh auf mein Schatz und laß mich ein,
   Ganz heimelig!

3. Wenn alle Sterne Schreiber gut,
   Und alle Wolken Papier dazu,
   So sollten sie schreiben der Lieben mein,
   Sie brächten die Lieb in den Brief nicht ein,
   Ganz heimelig!

4. Ach hätt ich Federn wie ein Hahn,
   Und könnt ich schwimmen wie ein Schwan,
   So wollt ich schwimmen wohl über den Rhein
   Hin zu der Herzallerliebsten mein,
   Ganz heimelig!

21. Wach auf!

1. Wach auf, meins Herzens Schöne, herzallerliebste mein!
   Ich hör ein süß Getöne von kleinen Waldvöglein;
   Die hör ich so lieblich singen,
   Ich mein es woll des Tages Schein vom Orient her dringen.

2. Ich hör die Hahnen krähen und hör den Tag dabei,
   Die kühlen Windlein wehen die Sternlein leuchten frei.
   Singt uns Frau Nachtigalle,
   Singt uns ein süße Melodei, sie meldt den Tag mit Schalle.

3. Der Himmel tut sich färben, aus weißer Farb in Blau,
   Die Wolken tun sich färben aus schwarzer Farb in grau;
   Die Morgenröt tut entweichen:
   Wach auf, mein Lieb, und mach mich frei, der Tag will uns
      verschleichen.

4. Mein Herz das leidet Schmerzen, dazu viel kläglich Pein,
   Wo zwei Herzlieb tun scherzen, die ohn einander nich mögen sein;
   Keins tuts dem andern versagen,
   So würd erfreut das Herz in mir, die Wahrheit muß ich sagen.

5. Selig ist Tag und Stunde, darin du bist geborn!
   Gott grüß mir dein rot Munde, den ich mir hab erkorn.
   Kann mir kein Lieb're nie werden,
   Schau, daß mein Lieb nicht sei verlorn, du bist mein Trost auf Erden.

22. Dort in den Weiden

1. Dort in den Weiden steht ein Haus, steht ein Haus, steht ein Haus,
   Da schaut die Magd zum Fenster naus, zum Fenster naus.
   Sie schaut strom auf sie schaut stromab,
   Ist noch nicht da mein Herzensknab,
   Der schönste Bursch am ganzen Rhein, den nenn ich mein.

2. Des Morgens fährt er auf dem Fluß, auf dem Fluß, auf dem Fluß,
   Und singt hinüber seinen Gruß, ja seinen Gruß.
   Des Abends wenns Glühwürmschen fliegt,
   Sein Nachen an das Ufer wiegt,
   Da kann ich mit dem Burschen mein beisammen sein.

3. Die Nachtigall im Fliederstrauch, Fliederstrauch, Fliederstrauch,
   Was sie da singt versteh ich auch, versteh ich auch.
   Sie saget übers Jahr ist Fest,
   Hab ich, mein Lieber, auch ein Nest,
   Wo ich dann mit dem Burschen mein die Frohst am Rhein.

23. Altes Volkslied

1. Verstohlen geht der Mond auf,
   Blau, blau Blümelein!
   Durch Silberwölkchen führt sein Lauf;
   Rosen im Tal, Mädel im Saal,
   O schönste Rosa!

2. Er steigt die blaue Luft hindurch,
   Blau, blau Blümelein!
   Bis daß er schaut auf Löwenburg;
   Rosen im Tal, Mädel im Saal,
   O schönste Rosa!

3. O schaue Mond durchs Fensterlein,
   Blau, blau Blümelein!
   Schön Trude lock' mit deinem Schein.
   Rosen im Tal, Mädel im Saal,
   O schönste Rosa!

4. Und siehst du mich und siehst due sie,
   Blau, blau Blümelein!
   Zwei treu're Herzen sahst du nie.
   Rosen im Tal, Mädel im Saal,
   O schönste Rosa!

24. Der Ritter und die Feine

1. Es stunden drei Rosen auf einem Zweig;
   Schön ist der Sommer!
   Drauf sang eine Nachtigall anmutreich;
   Schön ist der Sommer!

2. Und unter dem blühenden Rosenbaum
   Schön ist der Sommer!
   Da lag eine Feine in tiefem Traum.
   Schön ist der Sommer!

3. Der Ritter kam wohl durch den Wald,
   Mein Röslein, was machst du so plötzlich halt?

4. Was schimmert Rotes durchs grüne Gras?
   Also ob es Rosen in ihrer Pracht?

5. Was blinket daneben wie lichtes Gold?
   Es sind wohl locken Kraus gekrollt.

6. Die Feine liegt da ohn Gewand
   Wie sie der Himmel erschaffen hat.

7. Der Ritter meint da zu vergehn,
   Hat nimmer solch herrlich Weib gesehn.

8. Der Ritter sinkt wohl auf den Grund,
   Und küßt der Feinen ihren Mund.

9. Er küßt ihn herzlich, küßt ihn sacht,
   Bis daß die Feine vom Schlaf erwacht.

10. O Ritter, o Räuber, o wehl dein Kuß!
    Daß ich nun immer weinen muß!

11. O Ritter, o Falscher, was hast du getan?
    Mein Ehr mir genommen, du böser Mann!

12. O Maid so schön, o Maid so hold;
    Ich weiß es selbst nicht, was ich gewollt!

13. Deine Schönheit hat so große Gewalt,
    Da hat mein Herz nicht Stütz und Halt.

14. Verziehen sei mein Begegnen dir,
    Doch künde du nie, was du genossen hier;

15. Und sprächest du nur ein einziges Wort,
    So muß ich von dir auf immer fort.

16. Der Ritter ging durch den Königsgart,
    Die Königin schauet vom Söller herab.

17. Mein Ritter: du gehest aus und ein,
    Verstehest nicht meine Äugelein!

18. Mein Ritter, du meiner Augen Licht,
    Was herzest du mich und küssest mich nicht?

19. Ich herze und küsse kein ander Weib
    Als der ich verlobet auf ewige Zeit.

20. Hast du dich verlobet auf ewige Zeit,
    Sag an, in welcher Halle die Maid?

21. Die Maid sie wohnet in keiner Hall,
    Unterm Rosenbusch, im grünen Wald;

22. Der Ritter ging unter die Rosen oft,
    Die war da nimmer, auf die er hofft.

23. Und hab ich verloren mein höchstes Gut,
    So will ich verderben mit Gut und Blut!

24. Er sitzet zu Roß, springt auf den Stein,
    Er wollte sich stürzen ins Meer hinein.

25. Halt an, mein Ritter, mein Lieber, halt,
    Die Feine herrt dein im Rosenwald!

26. Dein schnelles Wort hast du gebüßt,
    Die Braut auf ewig dein eigen ist!

25. Der Zimmergesell

1. Es war einmal ein Zimmergesell,
   War gar ein jung frisch Blut,
   Er baut dem jungen Markgraf ein Haus,
   Zweifle nicht, mein Schatz, mein Kind!
   Er baut dem jungen Markgraf ein Haus,
   Sechshundert Laden hinaus.

2. Und als das Haus gebauet war,
   Legt er sich nieder und schlief.
   Da kam des jungen Markgrafen Weib,
   Zweifle nicht, mein Schatz, mein Kind!
   Da kam des jungen Markgrafen Weib
   Zum zweiten und dritten und rief:

3. Steh auf, steh auf, du Zimmergesell,
   Denn es ist an der Stund;
   Hast du so wohl gebaut das Haus
   Zweifle nicht, mein Schatz, mein Kind!
   Hast du so wohl gebaut das Haus
   So küss' mir meinen Mund.

4. Und als er hinausgezogen war,
   Da ging er über die Heid,
   Da steht die junge Markgräfin,
   Zweifle nicht, mein Schatz, mein Kind!
   Da steht die junge Markgräfin
   In ihrem schneeweißen Kleid.

5. Was zog sie aus der Taschen schnell?
   Viel hundert Stücke Gold!
   Nimm's hin, du schöner Jungesell,
   Zweifle nicht, mein Schatz, mein Kind!
   Nimm's hin, du schöner Jungesell,
   Nimm's hin zu deinem Sold.

6. Und wenn dir Wein zu sauer ist,
   So trink du Malvasier,
   Und wenn mein Mund dir süßer ist,
   Zweifle nicht, mein Schatz, mein Kind!
   Und wenn mein Mund dir süßer ist,
   So komme wieder zu mir.

26. Altdeutsches Kampflied

1. Wir stehen hier zur Schlacht bereit,
   O Michael!
   Erzengel helfe uns im Streit!
   Hilf uns hier kämpfen,
   Die Feinde dämpfen,
   O Michael!

2. Wir streiten nur für gutes Recht,
   O Michael!
   Für den Glauben gehn wir ins Gefecht!
   Hilf uns hier kämpfen,
   Die Feinde dämpfen,
   O Michael!

3. O zieh ein Beistand uns einher,
   O Michael!
   O Führer der Heerscharen Heer!
   Hilf uns hier kämpfen,
   Die Feinde dämpfen,
   O Michael!

4. Du stürztest die in ew'ge Nacht,
   O Michael!
   Die sich gen Gottes Licht gewagt.
   Hilf uns hier kämpfen,
   Die Feinde dämpfen,
   O Michael!

5. Dir ist geweiht das deutsche Land,
   O Michael!
   Laß es nicht sein der Fremden Tand!
   Hilf uns hier kämpfen,
   Die Feinde dämpfen,
   O Michael!

6. Du schaust die stolzen Feinde drohn,
   O Michael!
   Mach du zu Schanden ihren Hohn!
   Hilf uns hier kämpfen,
   Die Feinde dämpfen,
   O Michael!

7. O halte Zwiespalt von uns fern,
   O Michael!
   Und eine du des Volkes Kern!
   Hilf uns hier kämpfen,
   Die Feinde dämpfen,
   O Michael!

8. O Michael, mit uns zur Schlacht,
   O Michael!
   Wir stehn dann aller Höllen Macht!
   Hilf uns hier kämpfen,
   Die Feinde dämpfen,
   O Michael!